Avant - Propos

Bonjour si vous vous trouvez dans un de c'est cas harcèlements

- ➤ harcèlement moral
- ➤ harcèlement sexuel
- ➤ harcèlement homophobie
- ➤ harcèlement racisme
- ➤ harcèlement familial
- ➤ harcèlement physique
- ➤ harcèlement numérique «cyber-harcèlement»
- ➤ harcèlement criminel
- ➤ harcèlement en réseau
- ➤ harcèlement psychologique
- ➤ harcèlement de rue
- ➤ harcèlement voisinage
- ➤ harcèlement dans le sport

Donc ce livre et fait pour vous

Préface

Je vous écrit ce livre pour vous parlez de harcèlement .

De prime abord, nous vous permettons d'identifier les types principal de harcèlement , bien évidemment, il existe différents types de harcèlement:

Un type de harcèlement peut dévier vers un autre ou même s'associer à d'autres types de harcèlement, de manière progressive.

Cela peut ce produire n'importe ou à tout moment.

Définition du harcèlement
Pour comprendre ce qu'est le harcèlement dans les faits, référerons-nous à la définition :
«Le harcèlement est un enchaînement d'agissements hostiles dont la répétition affaiblit psychologiquement la personne qui en la victime.

Agissements hostiles en répétition pour affaiblir psychologiquement sa victime.
Ce combat sont à la base notre quotidien contre le harcèlement pour le faire stopper.
Que signifie «harceler» ?
Harceler, c'est faire subir à quelqu'un de petites attaques souvent répétées.
Ses synonymes sont très nombreux dans notre langue :
s'acharner, agacer, assaillir, assiéger, asticoter, attaquer, enquiquiner, fatiguer, importuner, malmener, miner, persécuter, pourchasser, provoquer, relancer, tarabuster, torturer, tourmenter, traquer, taper, tabasser, frapper, racketter, voler, entraîner, affaiblir, attaquer, bouquet-miserere, insulter, rabaisser, dégrader, rumeur, humilier, homophobe, racisme, tête à claque, et d'autre mots .

Sommaire

Le harcèlement moral au travail

Le harcèlement moral au travail est un fléau connu par certains employés, des hommes comme des femmes.

Nous illustrons pour vous ce qu'est le harcèlement moral en vous donnant des exemples concrets de faits qui ont donné lieu à une décision de justice.

Cela vous permet de l'identifier, mais aussi de ne pas le confondre avec la simple "pression aux résultats et objectifs" subie par de très nombreux salariés et qui ne relève pas du harcèlement.

Ces illustrations vous permettront d'appréhender la notion de harcèlement afin de dénoncer de tels faits ou de les prévenir et au besoin les sanctionner et ce, que vous soyez employeur ou salarié.

La loi contre le harcèlement moral au travail interdit tout agissement répété de harcèlement moral entraînant une dégradation des conditions de travail du salarié susceptible .

de porter atteinte aux droits et à la dignité du salarié, d'altérer sa santé physique ou mentale ou, de compromettre son avenir professionnel.

Victime de harcèlement au travail : que faire ?

Victime de harcèlement, vous devez sortir du silence car plusieurs recours s'offrent à vous. Vous ne devez pas continuer à souffrir et subir en silence.

Dénoncez votre situation par lettre à l'employeur ou au médecin du travail afin qu'une sanction justifiée soit prise à l'encontre de la personne qui vous harcèle sur votre lieu de travail.

Attention toutefois à ne pas commettre d'abus de dénonciation, car dénoncer des faits inexistants de harcèlement moral peut justifier le licenciement pour faute grave ! Une décision des juges a été rendue en ce sens le 28 janvier 2015 .

Le mieux est de se faire conseiller par un avocat avant d'agir en justice.

Employeurs : prévenir et agir face au harcèlement moral

En tant qu'employeur, un de vos salariés s'est confié à vous et vous a dénoncé les faits de harcèlement moral qu'il subit.

Il est de votre devoir et de vos obligations d'agir rapidement et efficacement pour que de tels faits cessent et ne se produisent pas dans votre entreprise.

Vous êtes le garant de la sécurité et la santé de vos salariés, vous ne pouvez donc aucunement laisser une telle situation perdurer, si les faits s'avèrent vrais.

Il est donc nécessaire de procéder à une enquête afin de s'assurer de la véracité des propos du salarié.

12 exemples de harcèlement moral en entreprise

Voici des faits qui ont été reconnus comme constitutifs de harcèlement moral par les juges.

Humiliations, critiques

- 1. Dénigrement et brimade :
- Le salarié qui fait l'objet de brimades et de dénigrements de la part d'une collaboratrice qui l'avait privé de ses responsabilités et dont la santé a été gravement altérée par ces agissements et dont l'inaptitude est la conséquence directe de ceux-ci est un salarié qui a subi des faits de harcèlement moral et qui a donc notamment obtenu 30.000 € de dommages-intérêts ;
- 2. Critique injustifiée :
- Le fait pour un salarié d'avoir subi de manière répétée et dans des termes humiliants des critiques sur son activité et des reproches devant ses collègues est constitutif de harcèlement (réflexions et critiques à chaque fois qu'elle effectuait son travail comme

on lui le lui avait demandé, travail remis systématiquement en cause sous le prétexte que ce n'était pas cela qui avait été demandé, reproches sans même vérifier la réalisation, critiques incessantes, agressivité injustifiée, dévalorisation permanente...);

- 3. Humiliation publique :
- Il en va de même lorsqu'un collaborateur subit des propos blessants et humiliants (remarques déplacées sur la tenue, sur l'âge, sur le fait de discuter entre collègues ou de simplement ne pas être à son poste de travail...) proférés de manière répétée par un supérieur hiérarchique, propos corroborés par des attestations concordantes.
- Le salarié a obtenu 13.379 € de dommages et intérêts ;
- 4. Mesure vexatoire :
- Est harcelé moralement le salarié qui fait l'objet de multiples mesures vexatoires (envoi de notes contenant des remarques péjoratives sur un ton péremptoire propre à discréditer, reproches sur son "incapacité professionnelle et psychologique" et sa présence "nuisible et inutile", retrait des clés de son bureau, diminution de sa rémunération).
- Le salarié a obtenu 30.000 € de dommages-intérêts .

Discrédit, conditions de travail dégradantes

- 5. Tâche dévalorisante :
- Le fait pour un employeur d'avoir procédé de façon répétée à des brimades à l'encontre d'un délégué syndical (tâches dévalorisantes ne correspondant pas à sa qualification, retenues sur salaire injustifiées...), de l'avoir discrédité auprès de ses collègues de travail et placé dans une situation financière difficile procède du harcèlement moral ;
- 6. Agressivité :
- Le salarié qui subit de son supérieur hiérarchique un comportement empreint d'agressivité traduisant sa volonté de restreindre ses fonctions au sein de l'entreprise (rétrogradation...) - sans qu'aucune explication ne soit fournie et sans qu'aucun reproche ne soit adressé - est harcelé.
- Il a obtenu 10.000 € en réparation du préjudice subi ;
- 7. Tâche dépassant ses capacités :
- L'attitude réitérée du refus d'adapter le poste de travail du salarié et de lui confier de manière habituelle une tâche dépassant ses capacités et mettant en jeu sa santé suffit à caractériser un harcèlement moral.
- Le salarié a perçu 34.000 € de dédommagement .

Isolement, mise à l'écart

- 8. Mise au placard :
- Constitue un harcèlement moral, le fait pour un salarié d'être installé dans un local exigu dépourvu de chauffage et d'outils de travail, avec interdiction faite par l'employeur à ses collègues de lui parler, d'adopter un comportement autoritaire à son égard et de mettre en doute son équilibre psychologique ;
- 9. Privation d'outils de travail :
- Est victime de harcèlement la salariée qui a subi des injures à caractère racial et qui, à son retour de congé de maternité retrouve ses affaires dans des cartons et n'ayant plus ni bureau, ni ordinateur, ni téléphone et dont plus personne ne lui adresse la parole à la suite de consignes hiérarchiques .

Rétrogradation et sanction injustifiées

- 10. Avertissements infondés :
- Le fait pour une salariée, qui n'avait précédemment fait l'objet d'aucun reproche, d'avoir été sanctionnée par 4 avertissements dont aucun n'était fondé relève du harcèlement moral ;
- 11. Déclassement :
- Il en va de même pour le salarié qui a été déclassé lors de l'entrée en vigueur d'une

nouvelle classification conventionnelle des emplois et à qui il avait été adressé, dans une période de quelques mois, outre plusieurs mises en garde, 3 avertissements irréguliers ;

- **12. Pression disciplinaire :**
- De nombreuses convocations à des entretiens préalables dans 4 procédures disciplinaires dont 2 sont demeurées sans suite pendant une période de fragilité du salarié, des pièces médicales établissant que son inaptitude était liée à un état dépressif résultant de la dégradation de ses conditions de travail et de ses relations avec l'employeur constituent des faits de harcèlement moral .

Ainsi, le harcèlement moral peut revêtir des formes diverses et variées et bien évidemment, les faits énumérés ci-dessus n'en sont que quelques exemples.

A l'inverse, le harcèlement moral ne peut être utilisé par le salarié comme un moyen de pression à l'encontre de l'employeur, lorsqu'il sait qu'il encourt une mesure disciplinaire en raison de ses fautes.

Si vous êtes victime de harcèlement, et que vous n'obtenez pas la fin de ces agissements en interne dans l'entreprise, vous pouvez vous adresser à l'inspection du travail ou encore porter une plainte individuelle (par courrier, suite à un rendez-vous,...).

Sachez que l'inspecteur a une obligation de confidentialité concernant les plaintes qu'il reçoit et mènera l'enquête.

Le harcèlement sexuel au travail

Le harcèlement sexuel est une forme de violence qui se manifeste par une main aux fesses, des attouchements, une proposition d'acte charnel ... : voici des illustrations de ce qu'est le harcèlement sexuel en entreprise.

Salariés, si vous vous reconnaissez dans de tels faits, vous devez impérativement les dénoncer.

L'employeur, quant à lui, doit savoir comment réagir lorsqu'une telle situation survient dans son entreprise, car elle peut affecter le climat de l'entreprise toute entière !

Le harcèlement sexuel est constitué par des propos et comportements à connotation sexuelle qui, soit portent atteinte à la dignité du salarié en raison de leur caractère dégradant ou humiliant, soit créent à son encontre une situation intimidante, hostile ou offensante .

Est assimilée à du harcèlement sexuel la pression grave, même non répétée, exercée dans le but réel ou apparent d'obtenir un acte de nature sexuelle.

"le harcèlement moral ou sexuel existe fréquemment dans l'enceinte de l'entreprise".

Les salariés victimes ont droit à la la réparation de leur préjudice.

Le fait de harceler autrui est puni de 2 ans d'emprisonnement et de 30.000 € d'amende

Article 222-33-2 du Code pénal

Victime de harcèlement sexuel, que devez-vous faire ?

Salarié, vous ne devez en aucun cas rester silencieux si vous êtes harcelé sexuellement.

Vous devez sortir de votre silence, même si cela est extrêmement compliqué, car votre santé est en jeu.

Vous vous sentez impuissant?

Vous ne savez pas quoi faire ni à qui en parler?

Sachez que vous disposez de plusieurs options. En effet, vous pouvez vous adresser : directement à votre employeur si celui-ci n'est pas l'auteur de vos tourments ou au service des ressources humaines, aux représentants du personnel (délégués du personnel, délégués syndicaux, membres du CE ou du CHSCT), au médecin du travail, à l'inspecteur du travail.

Si vous n'êtes pas à l'aise et qu'il vous est impossible, car trop douloureux, d'en parler oralement, vous pouvez dénoncer ce que vous subissez par écrit à l'un de ces interlocuteurs.

Il est fortement conseillé, même si vous avez dénoncé tout cela à l'oral, de le retranscrire par écrit et l'envoyer à votre interlocuteur.

Si, malgré cela, la situation ne change pas et que vous souhaitez quitter votre entreprise au plus vite car votre santé s'est très fortement dégradée et que vous n'en pouvez plus de subir tout cela, plusieurs possibilités s'offrent à vous.

Vous pouvez notamment prendre acte de la rupture de votre contrat de travail .

Nous vous recommandons de conserver toute preuve laissant présumer votre harcèlement (échanges de mails, sms, lettres, certificats médicaux, arrêts de travail, témoignages…).

A savoir : sauf mauvaise foi, la dénonciation d'un harcèlement sexuel ne peut être sanctionnée, et la Cour de cassation l'a encore rappelé en juin 2015 .

Employeur : réagir face à des faits de harcèlement sexuel

Il est de votre devoir et de vos obligations, en tant qu'employeur, de protéger la santé et la sécurité de vos salariés.

Si l'un de vos collaborateurs s'est ouvert à vous et vous a dénoncé les faits de harcèlement sexuel dont il est victime, vous ne devez sous aucun prétexte rester inactif.

Vous devez impérativement agir instantanément et efficacement afin que cessent de tels faits, intolérables dans votre entreprise.

La première chose à faire est de mener une enquête afin de vous assurer que les confidences du salarié sont avérées.

Si les faits dénoncés sont réels, vous devez sanctionner l'auteur du harcèlement sexuel .

Si vous n'agissez pas, vous risquez de voir votre responsabilité engagée.

10 exemples de harcèlement sexuel au travail

Voici une illustration de faits qui ont été reconnus par les juges, comme constitutifs de harcèlement sexuel.

Constitue du harcèlement sexuel le fait :

- 1. Pour un chef de service de pincer les fesses d'une salariée à plusieurs reprises et de provoquer des altercations avec elle sur le lieu de travail chaque fois qu'elle refusait de déjeuner avec lui .
- 2. Pour un salarié d'organiser un rendez-vous pour motif professionnel en dehors de l'entreprise avec une salariée qui était sous ses ordres, dans une chambre d'hôtel *(6)* ;
- 3. De faire parvenir à une jeune femme de longs courriers manuscrits, de nombreux courriels par lesquels le salarié en cause lui faisait des propositions et des déclarations, d'exprimer le souhait de la rencontrer seule dans son bureau, de lui faire parvenir des bouquets de fleurs .
- 4. Pour un supérieur hiérarchique d'envoyer des sms à un de ses subordonnés en lui indiquant notamment "je te souhaite une douce journée avec plein de baisers sur tes lèvres de velours" .
- 5. Pour un employeur d'avoir tenté d'obtenir des faveurs de nature sexuelle de la part de sa salariée en multipliant les cadeaux et les appels, en se rendant à son domicile et en faisant intrusion dans sa vie privée, dans le but de la convaincre et même de la contraindre à céder à ses avances .
- 6. Pour un collègue de tenir les propos suivants "bon, c'est quand qu'on couche ensemble" et de poser des questions intimes sur la vie privée .
- 7. D'adresser à une subordonnée des remarques sur sa vie privée, de porter des appréciations axées sur son anatomie, de tenter d'obtenir des faveurs sexuelles et d'exercer des mesures de représailles professionnelles .
- 8. Pour un salarié, responsable de nuit d'un établissement, de demander d'avoir des rapports sexuels avec une salariée en échange d'une augmentation de salaire, demande accompagnée d'attouchements, même si ces faits se sont déroulés la nuit dans une ambiance festive .
- 9. Pour un salarié d'avoir envers une collègue un comportement injurieux, consistant en des insultes et remarques essentiellement à caractère sexuel, et des gestes déplacés .
- 10. D'adresser des messages électroniques et d'adresser des propos à caractère sexuel à l'occasion de l'heure du déjeuner et lors de soirées organisées après le travail .

Il ne faut pas perdre de vue que toute drague lourde n'est pas constitutive de harcèlement sexuel ! Ainsi, selon la Cour, une attitude de séduction même dénuée de tact ou de délicatesse ou de simples signaux sociaux conventionnels lancés de façon à exprimer la manifestation d'une inclinaison ne constituent pas en soi le délit de harcèlement sexuel, notamment en l'absence de chantage ou de pressions .

De plus, des familiarités réciproques peuvent écarter toute notion de harcèlement sexuel .

50.000 € de dommages et intérêts pour harcèlement sexuel .

Homophobie au travail

Définition, manifestations, conséquences
L'homophobie au travail prend différentes formes, qui sont à peu près les mêmes qu'ailleurs : moqueries, injures, discriminations, mise à l'écart, harcèlement moral et physique, agression physique...
Néanmoins la discrimination à l'emploi, en particulier l'homophobie (gayphobie ou lesbophobie) présente quelques caractéristiques propres :

- le rapport de force entre employeurs et employés, en principe contrôlé par la loi .
- la vie privée des uns et des autres, supposée être protégée .
- les employeurs censés assurer des conditions de travail décentes à chacun, ce qui doit exclure les relations déplaisantes, fondées sur l'hostilité ou la discrimination.

Hélas, la loi n'est pas toujours respectée, comme le montre le chapitre "Travail" du rapport annuel.

L'homophobie peut être le fait des employeurs eux-mêmes, ou de responsables dans une hiérarchie. Ces derniers peuvent aussi couvrir ou ne pas prendre au sérieux des comportements homophobes de salariés à l'égard d'un collègue.

Néanmoins, avec les années, la question a cessé d'être taboue dans de nombreuses entreprises et il existe des possibilités de défense et d'action contre ces comportements.

Comment se manifeste l'homophobie au travail?
La majorité des victimes de discrimination à l'emploi sont des hommes (78 % des témoignages), âgés de 35 à 50 ans (47 %) et habitant hors Île-de-France (54 %).

Quant aux agresseurs, la plupart sont des collègues sans relation hiérarchique direct avec la victime de ces discriminations homophobes.

La majorité des témoignages font état de relations entre collègues, au départ qualifiées de cordiales, évoluant de manière négative lorsque l'homosexualité d'un membre de l'équipe est révélée.

Commencent alors les insultes, le rejet, la diffamation, voire l'outing et le harcèlement moral.
Un changement de supérieur hiérarchique est aussi la cause d'une crainte que le nouveau ou la nouvelle responsable soit homophobe, ouvertement ou non.

De nombreux témoignages signalent des refus de promotion, des rapports négatifs infondés, voire des propos insultants tenus sans témoins.

Les insultes quotidiennes, qui constituent un harcèlement moral, finissent par devenir épuisantes, au point que certaines victimes finissent par démissionner ou demander une mutation.

De même, un stagiaire a préféré mettre fin à son stage, à force de subir insultes et réflexions dégradantes.

Il ne faut alors pas s'étonner si 32 % des victimes mettent en avant que les situations vécues sont sources d'arrêt de travail, de dépression, voire d'hospitalisation suite à une tentative de suicide.

Notons à ce sujet que 6 % des actes signalés émanent de délégué-e-s du personnel. Face à cette situation, nous relevons des appels, notamment de collègues hétérosexuels, agacés par les propos homophobes de leurs collègues, demandant des conseils pour mieux ouvrir la discussion et faire cesser ces propos.

Il arrive encore que, suite à une agression physique et des insultes, les supérieurs hiérarchiques tentent ou conseillent de minimiser les faits.

Dans le meilleur des cas, l'agresseur reçoit un simple avertissement.
Ainsi, un proviseur n'a pas estimé nécessaire de sanctionner un élève qui a insulté un

professeur.

Cette absence de prise en compte est fréquemment évoquée, lorsque le supérieur hiérarchique n'est pas lui-même l'agresseur.

Au sein de petites structures (restaurants, par exemple), il est difficile de trouver une quelconque forme de soutien : absence de délégués du personnel, collègues craignant de perdre leur place.

A l'inverse, il est heureux de voir que les manifestations de soutien peuvent exister dans d'autres structures (44 % des témoignages) : un médecin du travail, qui rappelle à l'employeur l'importance des faits ; un DRH, qui accompagne une victime au commissariat pour le dépôt de plainte ; une autre victime, menacée de poursuites après avoir souligné le caractère homophobe de propos tenus par son directeur, a reçu le soutien immédiat de ses collègues.

Les appels sur la ligne d'écoute de l'association permettent parfois aux victimes de mieux définir, de comprendre le caractère LGBTphobe des situations vécues au travail.

La démarche du dépôt de plainte est alors facilitée.

L'acte ou la parole homophobe, biphobe et transphobe dans un contexte professionnel demeure difficile à prouver.

Soit les propos sont tenus volontairement en l'absence de témoins, soit les collègues présent-e-s ne souhaitent pas témoigner, par crainte de perdre leur place ou d'être mal vu-e-s.

Par ailleurs, dès l'évocation de l'homosexualité du ou de la salarié-e, des pressions peuvent apparaître pour accélérer son départ.

De même, certain-e-s supérieurs hiérarchiques se moquent ouvertement des règles du Code du travail en n'hésitant pas à évoquer oralement l'homosexualité comme motif d'une procédure de licenciement.

Que dit la loi ?

Les discriminations au travail liées à l'orientation sexuelle, au sexe, à l'état de santé, sont interdites. Quelle que soient les phases de la vie professionnelle.

On distingue notamment :

- l'entrave portée à l'activité économique d'une personne (physique ou morale) en raison de son orientation sexuelle
- Le refus d'embauche
- le licenciement
- les conditions d'emploi et de travail
- les harcèlements moral et sexuel
- …

Que faire face à une situation homophobe sur son lieu de travail ?

Les salariés victimes d'agissements homophobes et de discriminations à l'emploi disposent d'un recours devant différents organismes (conseil de prud'hommes, tribunal administratif, justice) pour les faire cesser ou demander réparation du préjudice subi.

Mais avant toute démarche judiciaire, le salarié peut faire intervenir des personnes dans son entreprise : la direction des ressources humaines (quand il y en a une), les représentants du personnel ou les délégués syndicaux, voire la direction.

Il peut également saisir l'inspection du travail.

Après, tout change selon l'accueil que l'on reçoit.

Il est également possible de prendre conseil auprès de lignes d'information spécialisées ou de permanences d'avocat.

Un appel sur la ligne de SOS homophobie permettra d'obtenir des informations plus adaptées à une situation personnelle.

Au cours d'une procédure judiciaire, le salarié ou la personne mise en cause peuvent engager une procédure de médiation.

Le choix du médiateur fait l'objet d'un accord entre les parties.

Le médiateur tente de les concilier et leur soumet des propositions écrites en vue de mettre

fin au problème.

En cas d'échec de la conciliation, il informe les parties des éventuelles sanctions encourues et des garanties prévues en faveur de la victime.

Propos et comportements racistes : l'employeur a l'obligation de préserver ses salariés

Le harcèlement raciste

Il y a harcèlement raciste lorsqu'une personne ou un groupe de personnes ne cesse d'utiliser des propos, des comportements ou des pratiques axés sur l'intolérance à l'égard de la race d'un ou d'une collègue : la couleur de sa peau, son origine, sa culture, sa langue ou sa religion.

Exemples :

- faire des plaisanteries, insinuations, commentaires humiliants et remarques de mauvais goût à caractère raciste;
- critiquer et faire preuve d'intolérance envers ce qui rend la victime différente : son accent, ses vêtements, sa coiffure, ses coutumes, ses croyances;
- prendre des airs dégoûtés ou méprisants à cause de sa présence;
- trouver des prétextes pour ne pas travailler avec elle;
- la stéréotyper dans des tâches subalternes;
- freiner ou contrecarrer son avancement;
- exhiber des bandes dessinées, des photos et autres images racistes dégradantes.

Attention! Surveillez les pratiques discriminatoires lorsque vous signez un contrat ou lorsque vous adhérez à une organisation professionnelle ou syndicale.

Quelles sont les conséquences du harcèlement raciste au travail?

POUR LA VICTIME

La victime de harcèlement raciste se sent blessée, révoltée et surtout rabaissée.

Elle se trouve en situation de rejet, incapable de fonctionner, de se réaliser et d'évoluer à cause des barrières invisibles élevées à son encontre au travail.

POUR LES TÉMOINS DANS L'ENTREPRISE

Le harcèlement raciste détériore le climat de travail. Tout le monde se sent mal à l'aise et perd le goût d'aller travailler.

S'il provient d'un groupe, le harcèlement raciste peut mener à la haine, à la violence physique et aux affrontements, le groupe agresseur cherchant à rendre la vie impossible à la victime désignée.

POUR L'ENTREPRISE

En présence de harcèlement raciste, l'entreprise peut voir à remettre en question les valeurs et la culture qui la caractérisent.

Elle devra examiner à fond ses politiques et procédures, en particulier en matière d'embauche, de contrats et de promotion.

Elle subira des pertes en personnel (congédiements, abandons, congés de maladie), en productivité et en revenu.

Si elle s'avère en partie responsable de la situation, elle pourrait être passible de poursuites et son image de marque - sa crédibilité – pourrait en être affectée.

Lorsqu'un salarié est victime de propos et de comportements racistes, l'employeur doit intervenir rapidement.

En effet, cette situation peut notamment avoir des conséquences graves pour la santé et la sécurité du salarié.

Et il faut savoir qu'en matière de santé et sécurité, l'employeur a une obligation de résultat.

S'il ne réagit pas, il peut commettre une faute inexcusable lourde de conséquences financières.

Propos et comportements racistes : quel est le pouvoir disciplinaire de l'employeur ?

Tenir des propos racistes est un délit réprimé par le Code pénal. Les propos racistes tenus par un salarié à l'égard d'un de ses collègues peuvent également être constitutifs d'une faute grave.

Il faut savoir que même si les faits ont lieu en dehors des horaires de travail, le salarié peut être licencié pour faute grave.

Propos et comportements racistes : attention au harcèlement moral

Si vous apprenez qu'un salarié est victime de propos ou de comportements racistes, il est impératif de réagir rapidement afin que ces situations ne se répètent pas et qu'elles dégénèrent en harcèlement moral.

Pour rappel, en matière de santé et de sécurité au travail, vous devez prendre les mesures nécessaires pour assurer la sécurité et protéger la santé physique et mentale des travailleurs (Code du travail, art. L.4121-1).

Vous avez une obligation de résultat : tout doit être mis en œuvre dans le but de protéger la santé des travailleurs. Dans la situation d'un salarié victime de propos racistes, vous devez agir pour le préserver du danger de harcèlement moral.

ATTENTION
Si vous avez ou aurez dû avoir conscience d'un danger auquel était exposé un salarié et que vous n'avez pas agi pour le protéger, votre manquement sera qualifié de faute inexcusable.

Et sachez que la reconnaissance de la faute inexcusable est lourde de conséquences financières pour l'entreprise. La victime a droit notamment à une indemnisation complémentaire à celle qui lui est versée en cas de maladie professionnelle.
Cour de cassation, chambre civile 2, 13 mars 2014, n° 13-13902 (l'employeur ayant une obligation de résultat de sécurité doit agir lors qu'un salarié est victime de propos et de comportements ouvertement racistes).

Quelles sont les conséquences juridiques du harcèlement raciste?

En portant atteinte à la dignité et à l'intégrité de la personne de manière discriminatoire, le harcèlement raciste contrevient aux chartes des droits et libertés du Canada et des provinces. À titre d'exemple, voici l'extrait de la *Charte des droits et libertés de la personne* (L.R.Q., c. C-12) du Québec sur le sujet.

> « 10 Toute personne a droit à la reconnaissance et à l'exercice, en pleine égalité, des droits et libertés de la personne, sans distinction, exclusion ou préférence fondée sur la race, la couleur, le sexe, la grossesse, l'orientation sexuelle, l'état civil, l'âge sauf dans la mesure prévue par la loi, la religion, les convictions politiques, la langue, l'origine ethnique ou nationale, la condition sociale, le handicap ou l'utilisation d'un moyen pour pallier ce handicap.
>
> Il y a discrimination lorsqu'une telle distinction, exclusion ou préférence a pour effet de détruire ou de compromettre ce droit.
>
> 10.1 Nul ne doit harceler une personne en raison de l'un des motifs visés dans l'article 10. »

S'il emprunte des moyens extrêmes, le harcèlement raciste peut entraîner des poursuites en vertu du Code criminel du Canada.

Une condamnation pour infraction à la *Loi* ou au *Code criminel* peut avoir un effet sur le droit d'exercice d'une profession.

Harcèlement dans la famille

Parfois plus dangereux que la violence physique, le harcèlement moral sévit en silence dans certaines familles. Entre les humiliations quotidiennes et la honte ressentie par les victimes, difficile d'échapper aux griffes du harceleur. Le décryptage .

Une scène, des marionnettes, un manipulateur.

Dans cette représentation qui se joue à guichet fermé, la souffrance est l'unique décor.

L'objet de l'intrigue : le harcèlement moral, qui se joue dans le huis clos de la famille...

Pas évident d'identifier un bourreau/pervers narcissique quand il officie au sein même de ceux qu'on aime.

Pourtant, les signes ne trompent pas : humiliations quotidiennes, agressivité, chantage, culpabilisation, sont entre autres, les abus quotidiens commis par cette personnalité complexe.

Si le "bourreau" offre son profil le plus doux pour l'extérieur, il terrorise les siens à l'intérieur et semble intouchable.

Ainsi, les victimes se taisent souvent, par peur ou par consentement, et souffrent de cette situation qui parait inextricable.

Comment reconnaître un pervers narcissique ? Comment s'en sortir sans trop de dégâts ? sur ce phénomène pour que les victimes tirent enfin le rideau de fin.

Harcèlement moral : qui peut être amené a harcelé sa propre famille ? Comment le reconnaître ?

"Tout d'abord il faut savoir que le manipulateur se conjugue aussi bien au masculin qu'au féminin, il peut ainsi s'agir de la maman ou du papa.

Leur principale caractéristique est la double facette : le manipulateur est bien différent à l'extérieur (avec des amis ou en situation professionnelle) qu'au au sein de sa famille.

Charmant, séducteur, charismatique en public, il devient tyran, brutal et moralisateur en privé.

Ces personnalités recherchent avant tout une faille chez l'autre, enfant et/ou conjoint, et s'engouffrent dans la brèche pour mieux combler leurs propres manques.

Les pervers narcissiques, comme on les nomme, sont dans une incapacité totale d'aimer et ne ressentent aucune empathie envers l'autre.

Finalement, à travers les humiliations, les reproches et les insultes qu'ils font subir à leur famille, ils montrent l'ampleur de leur vide intérieur. Ce sont des êtres en souffrance, qui, en asservissant autrui, espèrent surtout leur prendre ce dont eux-mêmes sont dépourvus, à savoir la générosité, la spiritualité, la créativité, et bien d'autres qualités. Incapables de se remettre en cause, ils se posent la plupart du temps en victimes pour amadouer leur entourage".

Harcèlement moral : Comment devient-on victime d'un pervers narcissique ?

 "C'est bien souvent quand la victime se sent fragile dans sa vie que le pervers narcissique intervient et se pose comme le "sauveur".

Il se nourrit des craintes et prend consciemment ou non, un malin plaisir à anéantir la personnalité de sa "proie".

Dans un premier temps, le conjoint est fasciné par cette personnalité charismatique mais se retrouve bien vite piégé quand les premiers reproches et dénigrements pleuvent.

Constamment discrédité, (la plupart du temps devant les enfants) le conjoint manipulé est dans le flou le plus total puisque le manipulateur joue le chaud et le froid.

Un coup séducteur, un coup odieux, il est intouchable et le conjoint, lui, totalement anéanti.
De plus, il faut savoir que les victimes ont bien souvent un passé affectif compliqué : niées pour ce qu'elles ont été dans leur enfance ou adolescence, elles vivent constamment avec le sentiment de ne pas valoir grand chose.
C'est à ce moment là qu'elles choisissent de se laisser guider par l'apparente force du harceleur".

Harcèlement moral : comment se traduit cette situation à la maison ?
"Le conjoint et les enfants sont dans une extrême souffrance et ne communiquent pas beaucoup.
Ils sont bien souvent paralysés par les dévalorisations quotidiennes auxquelles ils ont droit.
Les enfants vivent alors dans le giron des remarques désobligeantes du parent toxique souvent centrées sur leur apparence physique ou leurs résultats scolaires.
Ce qui a notamment pour conséquence de baisser effectivement leur résultat scolaire et d'affecter durablement leur concentration. Si cette éducation négative les dévalorisent fortement, ils tentent paradoxalement de ressembler à ce que le parent pervers attend d'eux, à savoir un petit robot obéissant.
Ils renoncent alors à développer leur propre personnalité et pire, ne s'autoriseront pas dans le futur à être heureux.
Côté conjoint, le pervers fait systématiquement en sorte de dénigrer l'autre parent devant les enfants pour le discréditer encore plus.
C'est un cycle infernal".
Harcèlement moral : Comment se sortir de cet engrenage ?
Pour s'en sortir, il est nécessaire d'identifier la problématique du pervers et de se sortir de sa position de victime.
Par ailleurs, avant d'envisager la séparation ou le divorce, il est nécessaire de franchir toutes les étapes de la distanciation par rapport au pervers narcissique.
C'est un travail de longue haleine qui ne se fait pas du jour au lendemain.
Cela passe notamment par une mise à distance des propos violents et négatifs et le développement de sa liberté intérieure. Ainsi, quand il est dénigré, le conjoint peut par exemple répondre simplement "*Oui, tu dis que je suis comme ça. Mais, cela, c'est toi et toi seul qui le pense*". Des groupes de paroles existent et de nombreuses personnes s'entraident pour aller de l'avant. Quoi qu'il en soit, il ne faut pas prendre le harceleur de manière frontale, c'est un "adulte-enfant" qui ne s'exprime que par la colère et les cris.
Le divorce est la seconde étape et elle nécessite beaucoup de force, d'où cette préparation en amont".

En savoir plus :Loi sur le harcèlement moral : où en est-on aujourd'hui ?
La loi du 9 juillet 2010 intègre désormais dans le Code Pénal un article visant à protéger les victimes d'harcèlement moral conjugal.
Ce délit est passible d'une amende et d'une peine de prison si tant est qu'il consiste en "des actes répétés, qui peuvent être constitués de paroles et d'autres agissements, d'une dégradation des conditions de vie entraînant une altération de la santé physique ou mentale".
Pour monter un dossier devant le tribunal, il est important de pouvoir apporter des preuves matérielles (sms, vidéos photos, audio et messages sur le répondeur) de cet harcèlement.

Harcèlement physiques

Agressions physiques définition

L'agression physique peut être définie comme une atteinte volontaire à la personne humaine, caractérisée par le fait de porter volontairement des coups à la personne.

Attention, un simple choc psychologique peut être constitutif de l'infraction.

Par ailleurs, le mobile est sans influence sur la réalisation de l'infraction.

Par exemple, une plaisanterie, un bizutage, ne justifient pas une agression physique.

En revanche, les coups et blessures commis dans l'exercice de sports violents sont considérés comme conformes à la coutume: c'est une prise de risques inhérents à la pratique de ce sport.

Les violences au sein d'une famille entrent de la catégorie des agressions physiques.

Il peut s'agir des violences commises sur une personne âgée, de celles commises par le conjoint ou le concubin de la victime ou encore les violences envers les enfants.

Que faire en cas d'agression physique ?

Si vous ou l'un de vos proches avez été victime d'une agression et décidiez d'engager une action devant la juridiction compétente, vous disposez de dix ans si les faits constituent un crime (mutilation, viol ou meurtre).

La Cour d'assises sera compétente.

Vous disposez de trois ans si les faits constituent un délit (ex: violences avec ITT de plus de 8 jours) et d'un an si les faits constituent une contravention (ex: violences avec ITT de moins de 8 jours).

Dans tous les cas, il vaut mieux agir rapidement.

Dans ce type d'agression, un certificat médical est essentiel puisqu'il permettra de déterminer l'ITT.

Il est préférable que ce certificat soit établi par les services de médecine légale (voir chapitre: La victime dans l'organisation judiciaire).

Déposer plainte au commissariat de police, à la gendarmerie ou directement auprès du Procureur de la République par lettre (voir modèle de plainte). Si des témoins étaient présents, demandez-leur une attestation relatant les faits ou, à tout le moins, leurs noms et adresses.

Rassemblez aussi un certain nombre de preuves attestant de votre préjudice comme par exemple, les objets et vêtements portés à l'époque des faits qui constitueront la preuve des dégâts matériels subis, ou encore les justificatifs des frais médicaux restés à votre charge.

L'incapacité temporaire de travail.

Il s'agit d'une incapacité totale de travail, quel qu'il soit, correspondant souvent à la période d'hospitalisation ou la période de repos dans la chambre.

La jurisprudence considère qu'il s'agit de l'impossibilité pour la personne d'accomplir d'autres tâches physiques que ménagères.

Il est donc différent de l'arrêt de travail qui dépend de l'activité exercée.

Le: < ITT > veut dire incapacité totale de travail

Harcèlement numérique «cyber-harcèlement»

DÉFINITION : Le cyber-harcèlement (en anglais Cyberbullying) est une forme récente de harcèlement.

On la retrouve en particulier via les sms et les réseaux sociaux.

La prévention du harcèlement et la lutte contre le harcèlement dans les écoles et les établissements du second degré, collèges et lycées, constituent un enjeu éducatif majeur.

D'après les enquêtes effectuées, on peut estimer que 10 % des écoliers et des collégiens rencontrent des problèmes de harcèlement et que 6 % d'entre eux subissent un harcèlement que l'on peut qualifier de sévère à très sévère.

Le premier pas dans la lutte contre le cyber harcèlement et le harcèlement est de BRISER LE SILENCE et en parler à nos proches ou à des personnes ressources afin de recevoir de l'aide.

Que faire face à une situation de cyber-harcèlement

- Garder des preuves (faire des captures d'écran avec son ordinateur ou le téléphone)
- En parler a une personne de confiance
- Faire un signalement en ligne pour stopper la diffusion du contenu inapproprié (les réseaux sociaux proposent de signaler de manière anonyme un contenu ou un utilisateur abusif)
- Porter plainte si cela s'avère nécessaire (la nouvelle loi de 4 août 2014 reconnaît le harcèlement moral comme un délit, dont la manifestation via outils numériques est un élément aggravant).

Le harcèlement d'une personne par le biais d'internet est un délit. Il est plus sévèrement puni si la victime a moins de 15 ans.

Faits concernés

Le harcèlement est le fait de tenir des propos répétés ayant pour but ou effet une dégradation des conditions de vie de la victime.

Cela se traduit par une altération de la santé physique ou mentale de la personne harcelée.

C'est la fréquence des propos et leur teneur insultante, obscène ou menaçante qui constitue le harcèlement.

Un seul propos insultant est un délit d'injure, des propos insultants répétés plusieurs fois peuvent être considérés comme du harcèlement, plus sévèrement puni.

Le harcèlement en ligne est un harcèlement s'effectuant via internet (sur un réseau social, un forum, un jeu vidéo multijoueurs...).

Les propos en cause peuvent être des commentaires d'internautes, des vidéos, des montages d'images, des messages sur des forums...

Le harcèlement en ligne est puni que les échanges soient publics (sur un forum par exemple) ou privés (entre "amis" sur un réseau social).

La loi punit également les menaces de mort ou de viol, ainsi que les incitations au suicide.

À savoir :

le harcèlement - scolaire fait l'objet d'une répression spécifique.

Personnes concernées

Les premiers responsables en cas de harcèlement en ligne sont les auteurs des propos en cause.

La responsabilité des intermédiaires relèvent de règles spécifiques.

Ces intermédiaires techniques peuvent être les responsables d'un réseau social, d'un forum, d'un jeu en ligne ou un hébergeur de blogs.

Un intermédiaire ne sera responsable des propos tenus que si :

- il a eu connaissance de l'existence des messages publiés,
- et s'il n'a pas agi promptement pour retirer ces messages dès qu'il en a eu connaissance.

Démarches préalables

La victime peut agir directement auprès des intermédiaires en cas de harcèlement. Cette démarche n'est pas une plainte officielle.

La plupart des réseaux sociaux permettent de "bloquer" une personne, c'est-à-dire d'empêcher toute mise en contact.

Les hébergeurs et réseaux sociaux permettent également de demander le retrait de tel ou tel contenu au nom du respect des personnes.

Sur les forums, les messages jugés obscènes ou menaçants peuvent être signalés aux responsables.

À noter :

sans être personnellement victime, un téléservice spécifique permet de signaler des contenus illicites auprès de la police et de gendarmerie.

Collecte de preuves

Sans attendre l'enquête de police ou de gendarmerie, la victime peut collecter elle-même les preuves de son harcèlement notamment par le biais de captures d'écran.

Il est possible de faire appel à un huissier de justice pour réaliser ces captures.

Ces pièces pourront être utilisées lors du procès.

Plainte et enquête

La victime doit porter plainte en priorité contre le ou les auteurs du harcèlement.

Si la victime ne connaît pas les véritables identités du ou des auteurs, elle peut porter plainte contre X. Les intermédiaires techniques doivent permettre à la justice d'identifier le ou les auteurs des contenus en cause.

Un mineur peut se rendre seul au commissariat ou à la gendarmerie et signaler les faits.

Mais il ne peut se constituer partie civile lui-même en vue de demander des dommages et intérêts, ses parents doivent le faire en son nom.

Harcèlement en ligne

L'auteur d'un harcèlement en ligne risque :
- 2 ans de prison,
- et 30000€ d'amende.

La peine maximale est portée à 3 ans de prison et 45000€ d'amende si
- les faits ont causé une incapacité totale de travail de plus de huit jours (anxiété, stress...),
- ou si la victime a moins de 15 ans.

Autres délits concernés

La menace de viol avec des motifs homophobes ou racistes est punie jusqu'à :
- 2 ans de prison,
- et 30000€ d'amende.

La peine maximale en cas de menaces de mort est de :
- 3 ans de prison,
- et 45000€ d'amende.

La provocation au suicide, suivie d'un suicide ou d'une tentative de la victime, est punie jusqu'à :
- 3 ans de prison et 45000€ d'amende,
- et 5 ans de prison et 75000€ d'amende si la victime a moins de 15 ans.

Si l'auteur est mineur

Dans tous les cas, si l'auteur est un mineur de plus de 13 ans, la peine maximale est divisée par deux et l'amende ne peut dépasser 7500€.

Pour un harcèlement en ligne, la peine maximale sera donc de :
- 1 an de prison,

- et 7500€.

Les sanctions et mesures applicables aux mineurs de moins de 13 ans relèvent de disposition spécifiques.

En outre, ce sont les parents des auteurs mineurs, quel que soit leur âge, qui seront responsables civilement et devront indemniser les parents de la victime.

Harcèlement criminel

Une personne vous contacte régulièrement sans votre accord, ou vous suit un peu partout et vous fait peur? À partir de quand son comportement peut-il être considéré comme du harcèlement?

Qu'est-ce que le harcèlement criminel?

Le harcèlement criminel est le fait de se comporter envers une personne:

- de manière à lui faire craindre pour sa sécurité ou celle d'une de ses connaissances; et
- en sachant que la personne se sent harcelée ou en ne portant pas attention au fait qu'elle puisse se sentir harcelée.

Attention! Toute forme de harcèlement n'est pas nécessairement criminelle.
Par exemple, si le harcèlement a lieu au travail ou est fait par un collègue de travail,
cela peut être considéré comme du harcèlement sans que ce soit considéré comme un crime.

Les éléments à considérer pour établir qu'il y a du harcèlement criminel

Pour qu'une situation soit considérée comme du harcèlement criminel, il faut retrouver les éléments suivants:

1. La personne qui harcèle adopte l'un des comportements suivants envers la victime ou une connaissance de la victime:

- Elle suit à plusieurs reprises la victime ou sa connaissance;
- Elle communique à plusieurs reprises avec la victime ou sa connaissance;
- Elle cerne ou surveille la maison, le lieu de travail ou tout endroit où se trouve la victime ou sa connaissance, même si cela n'arrive qu'une seule fois;
- Elle se comporte d'une façon menaçante à l'égard de la victime ou d'un membre de sa famille, même si cela n'arrive qu'une seule fois.

2. La victime se sent harcelée;

3. La personne qui harcèle sait que la victime se sent harcelée par son comportement, ou ne porte pas attention au fait que la victime puisse se sentir harcelée;

4. La victime craint pour sa sécurité ou celle de sa connaissance;

5. La crainte de la victime est raisonnable dans les circonstances.

Les peines en cas de condamnation pour harcèlement criminel

Lorsqu'une personne est condamnée pour harcèlement criminel, elle est passible d'une peine d'emprisonnement maximale de 10 ans.

Important !

Cet article explique de façon générale le droit en vigueur au Québec et n'est pas un avis ou un conseil juridique.

Pour connaître les règles particulières à votre situation, consultez un avocat.

6. Formes de harcèlement criminel

Le harcèlement criminel peut prendre plusieurs formes.

Selon le Code criminel (264.2), ces comportements constituent des actes interdits aux termes de la définition du harcèlement criminel :

- Suivre une personne ou une de ses connaissances de façon répétée
- Communiquer de façon répétée, même indirectement, avec la personne ou avec l'une de ses connaissances
- Cerner ou surveiller le domicile, le lieu de travail ou les activités personnelles de la femme ou d'une de ses connaissances
- Se comporter d'une manière menaçante à l'égard de cette personne ou d'un membre de sa famille

Selon le Code criminel (264.3), quiconque commet un de ces actes interdits est soit coupable d'acte criminel et est passible d'un emprisonnement maximal de cinq ans ou d'une infraction punissable sur déclaration de culpabilité par procédure sommaire.

Selon le Code criminel (3.4), l'infraction de harcèlement criminel comporte les principaux éléments suivant :

- L'agresseur pose les actes énumérés au paragraphe 264.2
- L'agresseur n'avait pas l'autorisation légitime de poser les actes interdits
- L'agresseur savait que la victime se sentait harcelée et ne se souciait pas de ses sentiments

La conduite a pour effet de créer chez la victime une crainte pour sa propre sécurité ou celle d'une de ses connaissances.

Cette crainte doit être raisonnable dans les circonstances.

Selon le Code criminel, lorsqu'un ou plusieurs incidents de harcèlement criminel peuvent être interprétés comme constituant une seule infraction criminelle, il y a lieu de déposer à la fois des accusations pour l'infraction spécifique commise proprement dite et pour l'infraction de harcèlement criminel.

Ainsi, une personne accusée peut être poursuivie pour harcèlement criminel et l'une des infractions suivantes : intimidation (art.423), proférer des menaces (art. 264.1), méfait (art. 430), propos indécents au téléphone ou appels téléphoniques harassants (art. 372), intrusion de nuit (art. I 77), voies de fait (art. 265), agression armée ou infliger de lésions corporelles (art. 267), voies de fait graves (art, 268), agression sexuelle grave (art. 273), meurtre au premier degré (paragraphe 23 1.6), omission de se conformer à une condition d'une promesse ou d'un engagement (paragraphe 145.3), manquement à un engagement (art. 8 II), défaut de se conformer à une ordonnance de probation (art. 733.1).

Harcèlement en réseau

Dans notre société il est un type de harcèlement dont quasiment personne ne parle car cela reste tabou.

Ce harcèlement en réseau consiste à désigner une personne comme une cible et à la faire persécuter par le biais des groupes et des réseaux.

Les personnes qui collaborent et qui sont manipulées ne connaissent pas l'envergure et la gravité de la situation, ni dans quelle mesure elles sont elles-mêmes visées.

Voici quelques exemples des méthodes et tactiques utilisées par les acolytes du Gangstalking:
Une de leurs méthodes est l'intimidation.

Ils essaient de faire peur au gens comme tous les groupes totalitaires.

Dans un cas, un homme prends quotidiennement le train à la gare pour ce rendre au travail; le scénario est toujours le même (du déjà-vu): lorsque qu'il sors de sa maison, souvent il rencontre quelques véhicules roulant l'un derrière l'autre me suivant avec des conduites très agressives que des fois il a peur.

Un matin d'hiver il y en avait un (un 4×4) qui le suivait tellement de près, qui l'éclabousse avec son phare qu'il la fait chuter de son vélo.

Arrivé à la gare, le scénario est aussi le même: les PERPS intimident les braves gens qui attendent leur train en les incitant (avec des regards méchants) à sortir leur téléphone portable et jouer avec (l'homme na jamais compris à quoi cela rimait et il n'en éprouve pas le besoin non plus).

Arrivés dans le train les PERPS se cachent (souvent en 1ère classe) et demande la complicité des gens afin de le harceler.

Alors l'on voit certains énergumènes (presque les mêmes) qui sortent leur téléphone mobile et le tendent vers lui.

Dès que c'est fait on dirait que leur journée ou bien leur vie est réussie (preuve de leur faiblesse et ignorance) !!!

l'homme ne savais pas trop quelle connotation cela devait avoir mais cela le faisait quelquefois sourire.

Quelques temps plus tard, il a lus sur le web que cela signifiait que l'on est vu !!!
Rigolo non ?

S'il y en a qui sont vus, ce sont eux qui commettent des actes criminelles.

Sincèrement il faudrait que les 'vrais' victimes s'ils le désirent trouvent des codes semblables pour calmer ces gangsters, si c'est ce qu'il leur faut !!!

la diffamation est aussi monnaie courante dans ce milieu; ce sont de gros fabricants de rumeurs, des spécialistes de la désinfo; si les gens n'ont pas l'air de gober ce qu'ils racontent ou s'ils ne rentrent pas dans leur théâtre, ils n'hésitent pas à les menacer 'non-verbalement'.

Afin de justifier leurs actes criminelles et leur désir sanguinaire aux yeux de gens honnêtes, ils n'hésitent pas à raconter des histoires sur leurs cibles; dans le train que l'homme prends et dans son entourage, ils le 'connaissent tous'.

Cela ne le tente même pas de savoir ce qui se raconte et vraiment car, contrairement à eux, il le situe très bien sous la courbe de Gauss et n'ai franchement rien à leur envier.

Leur grand problème est qu'ils veulent qu'on s'intéresse à eux, qu'on les voit … tout simplement (c'est aussi une maladie !!!).

Réfléchissez y avant de côtoyer ces gens: nous avons des lois et n'avons pas besoin d'une autre loi. Si vraiment ils étaient le Messie comme ils le prétendent, pourquoi interdisent-ils aux gens de raconter leurs bobards à la cible ???

Qu'avez vous fait et que vous n'êtes pas en prison ou dans un pénitencier quelconque et que ce sont eux qui doivent s'en occuper ???

Il est clair que beaucoup d'entre nous ne nous posons pas ces questions pourtant si simples ???? Réfléchissez-y !!!

Supposons que ce qu'ils racontent est vrai; et alors?

Que devrions nous faire ?

Que sommes nous qu'ils ne sont pas eux ?

Ils sont pire; voilà la réalité.

Une belle manière de se protéger contre cela est de les ignorer eux et ce qu'ils peuvent bien raconter car tout cela relève de la bassesse humaine.

Les rumeurs sont tellement allées à un niveau incroyable qu'on leur prête des qualités de pouvoir lire dans nos pensées !!!

Avec tout le respect que j'ai pour ce qui y croient, permettez moi de vous dire qu'un luxe pareil, ils n'auront pas.

On peut toujours essayer, faire des expériences, voire rêver.

Permettez moi de vous dire que nous sommes tout simplement face à des petits 'apprentis sorciers' mafieux sans scrupules réalisant des attaques lâches aux moyens d'armes psycho-électroniques. Vous pouvez lire l'histoire de

- l'isolement.

La première des 'précautions' qu'ils prennent est de vous isoler et ceci pour des raisons que vous comprenez; ils font tout afin de vous éloigner de votre famille, de votre profession (si vous en avez une), de vos connaissances.

Le but est que ne puissiez trouver aucun secours lorsque ils commettent leur crime, il est donc nécessaire de vous couper, le plus possible du monde.

Avouez que sans témoins la tâche est beaucoup plus facile pour les criminels.

D'autre part ils pourront toujours se justifier en faisant croire au gens que vous n'êtes guère fréquentable, raison pour laquelle vous n'avez pas de proches; ce n'est point du tout de leur faute !!! C'est plutôt vous qui êtes comme cela; leur responsabilité est vite dégagée

- la manipulation;

Tout n'est que manipulation et violence chez eux !!!

Jamais ils n'emprunteront un chemin direct pour aller à un but;

Ils arrivent même avec succès à infiltrer beaucoup de groupes de victimes et à leur faire gober leurs âneries.

Ils arrivent même à monter les victimes les uns contre les autres (quoique ceci ne relève point d'un exploit).

Pour s'en rendre compte, il suffit de voir tout ce qu'ils mettent en œuvre pour arriver à leur funeste dessein.

Ils leur font même croire que telle ou telle entité est la source de leur malheur.

Ainsi certaines victimes vous parleront de la Scientologie, de la Franc-Maçonnerie, et pourquoi pas, des Illuminatis.

Le but étant, bien-sûr, de donner des avis négatifs sur ces groupes afin de les faire monter aisément contre vous comme cela ils ne doivent plus continuer seuls la sale besogne qu'ils ont amorcée !!!

- le flou:

Ils entretiennent le flou par le pseudo langage qu'ils véhiculent et les théâtres.

Ne rentrez SURTOUT PAS dans leur jeu !!!

Rappelez-vous toujours que le 'signifié ne signifie que ce que l'on veut que cela signifie …' et puis basta …

Vous ne devez pas chercher ce qu'un quelqu'un voudrait vous dire s'il ne vous le dit pas dans un langage que vous vous êtes à même de comprendre … tout le reste relève de la barbarie … REFUSEZ cela; NE RENTREZ PAS dans ce jeu …

Si vous voulez que votre interlocuteur vous comprenne, lui parleriez-vous en un langage qu'il ne maîtrise pas ???

Comment voudriez vous répondre à quelqu'un qui ne s'adresse pas à vous ???
- la provocation

(Gratuite): eh oui !!!

Lorsque vous êtes victime du Gang stalking, vous avez dû avoir à faire à des scènes de provocation organisées par les PERPS.

Ils demandent à ceux qu'ils croisent de vous provoquer; c'est aussi classique: avant de demander aux gens (mêmes nos jeunes qui sont à l'école en pleine éducation !!!) de vous provoquer 'gratuitement' (j'insiste sur le mot 'gratuitement' car ce n'en est pas une véritable provocation, c'est de la connerie tout simplement) ils font déjà répandre les rumeurs que vous êtes ceci, que vous êtes cela (tout ce que eux ils ne sont pas, avouez que c'est aussi rigolo !!!).

Dans le cas personnel d'une femme, lorsque les véhicules du gang me dépassent (elle suis souvent à scooter), ils font une conduite tellement agressive et passent tout près d'elle que elle dois des fois s'imposer une gymnastique avec son scooter pour ne pas chuter.

Il paraîtrait que le but est de vous faire énerver !!!

Franchement, réfléchissons-y une seconde: si, pour eux, des attitudes comme cela sont destinées à vous faire énerver, on en déduit très aisément que c'est ce qui pourrait les énerver eux; en faisant cela ce sont eux qui se découvrent … à la longue vous savez vraiment quoi faire pour les énerver ou les déstabiliser !!!

- le culte de la lumière:

(Définition en Anglais: 'Illuminating Targets'; définition fournie par Fr, Quenneville.

Des cortèges de véhicules du gang, avec de gros phares allumés, encerclent le véhicule de la victime tout le long de son chemin.

- le bruit:

Ils utilisent aussi le bruit (souvent lorsqu'ils ne savent que faire, ou qu'ils sont irrités par un PERP ou acolyte qui n'a pas fait les choses selon les 'règles de l'art'.

Ils improvisent de faux chantiers.

Concernant un patron il y a un chantier juste en face de son bureau et ceci depuis plus de quatre années dans la rue de la Chancellerie.

Les PERPS viennent pour y organiser le harcèlement demandant aux ouvriers d'occasionner toute sorte de bruit.

Quelques mafieux de notre belle Police ou Gendarme, Ambulanciers et Pompiers les y aident en faisant retentir la sirène de leur véhicules plusieurs fois la sirène est présente lorsque que le patron a une conversation avec un collègue; et leurs relais mafieux ou les gens qu'ils ont réussi à convertir font comprendre aux autres qu'il y a 'anguille sous roche'.

Les claquements de portes (y compris celles de véhicules), le son d'une alarme (de voiture au autre), les bruits de moteur (polluant ainsi l'atmosphère pendant que nos élus surtout écolos se taisent, impuissants)

vous aurez droit souvent, en tant que victime, à des rencontres fortuites; des gens rigolos que vous ne connaissez pas qui vous arrêtent et vous demandent leur chemin que naturellement vous ne savez pas ou qui ne se trouve point dans les parages.

Une personne ce fait plusieurs fois fait demander par des passagers dans le même train qu'un homme lui demandant si le train allait à une destination autre que celle affichée !!!

Il n'est pas conseillé de se moquer de celui là qui se fait 'zombifier' et fait du théâtre.

Il faudrait plutôt en avoir pitié !!!

Redirection d'appels téléphoniques.

Cela est arrivé quelquefois: c'était au début lorsque le Gangstalking a commencé; une personne essayé de téléphoner à un ami et elle et tombé sur un autre Monsieur.

Le téléphone n'a même pas sonné deux fois.

Conséquences:

Vous n'avez plus de vie privée, plus d'intimité.

De toute façon, ceci fait belle lurette que vous n'en avez plus, Big Brother is still watching you !!!

Vous perdez vos proches (amis, parents, ...).

Dans le cas d'une femme, lors de son dernier déménagement, elle ces fait aidé par des amis.

Une dame habitant non loin de son logement actuel a appelait ses amis à mon insu, leur racontant elle ne sais quoi.

Dès qu'elle arriva, leur communication s'arrête.

Résultat, elle n'ai plus de contact avec ces gens.

Cette dame participe au Gang stalking et plusieurs PERPS viennent chez elle et son mari; même leurs enfants y sont très actifs; on dirait que ce sont des gens 'dérangés'.

D'autres voisins aussi y prennent part très activement

Vous êtes sujet à des rumeurs.

Franchement, ignorez cela.

Leur niveau est bas pour commencer.

Posez-vous la question suivante: d'où me connaissent-ils ?

Et vous avez la réponse :-).

Afin de pouvoir discuter avec vous, ce sont eux qui doivent élever leur niveau.

Vous ne devez pas vous abaisser pour être à leur niveau.

Si ce n'est pas possible, tant pis.

Croyez-moi, si quelque chose vous concerne, c'est à vous que l'on doit le faire savoir et dans un langage bien audible de civilisé afin que vous puissiez comprendre sinon cela ne vaut pas la peine et toc.

Et qu'avez vous fait de tellement grave que vous n'êtes pas en prison ou sous le coup de quelque punition requise par nos lois (pas les leurs)?

Dites le aux gens qui tombent si facilement dans ce panel.

Vous rencontrez de fausses victimes 'zombifiées' par les criminelles qui vous racontent toutes les âneries du monde.

Harcèlement psychologique

Les pressions psychologiques, le harcèlement psychologique .

Voici les principales conduites vexatoires
pouvant constituer du harcèlement psychologique
Dans le harcèlement psychologique, les comportements en cause sont multiples, insidieux et habituellement liés à des intentions cachées.
Ils se manifestent par des conduites qui originent d'une part, de l'opportunité qui se présente et d'autre part de négligence devant la relation dans laquelle on se laisse entraîner.
Il faut savoir reconnaître ces conduites qui se manifestent d'abord par des incivilités et ensuite par des inconduites pouvant aller jusqu'aux conduites vexatoires à risque de harcèlement.

Il peut se manifester de différentes façons, par exemple:
1. Intimidation et menaces
L'intimidation est une action violente qui consiste à faire peur à l'autre en haussant le ton, en dépréciant son travail, en le menaçant de manière détournée ou voilée, en exerçant sur l'autre des pressions indues pour parvenir à ses fins.
2. Déstabilisation
Se moquer de ses convictions, de ses goûts, de ses choix , de ses points faibles, faire des allusions désobligeantes sans jamais les expliciter, mettre en doute les capacités de jugement et de décision.
3. Isoler la personne
Ne plus lui adresser la parole en public, ne plus lui parler du tout, nier sa présence, l'éloigner, le priver des moyens de communications, empêcher les autres de lui adresser la parole.
4. Empêcher la personne de s'exprimer
L'interrompre sans cesse, lui interdire de parler aux autres, la priver de toute possibilité de s'exprimer.
5. Discréditer la personne
Ne plus lui donner de tâches à accomplir, l'obliger à réaliser des actions dévalorisantes, absurdes ou inférieures à ses compétences, simuler des fautes professionnelles, la dénigrer devant les autres.
6. Déconsidérer la personne
Répandre des rumeurs à son égard, la ridiculiser, l'humilier, mettre en cause ses convictions ou sa vie privée, l'injurier ou la harceler sexuellement.
7. Incivilité à caractère vexatoire
L'incivilité est une action violente qui consiste à faire sentir à l'autre personne qu'elle ne vaut rien. Il s'agit d'attitudes faisant voir que l'on a peu de considération pour elle, qu'on la critique et s'en méfie.
Un préjugé défavorable influence l'opinion que l'on a de cette personne et nos commentaires à son sujet qui peuvent être blessants, notamment lorsqu'ils sont connus son entourage et qu'elle en ressent les contrecoups.
8. Abus de pouvoir
L'abus de pouvoir est une forme de harcèlement qui consiste à s'attaquer directement aux conditions de travail de l'employé en lui retirant son autonomie.

On se sert de son pouvoir pour contester systématiquement toutes ses décisions ; pour lui retirer ses moyens et ses outils de travail; pour lui attribuer des tâches humiliantes ou contre son gré ; pour l'isoler, l'empêcher de se réaliser dans son travail ; pour lui attribuer des tâches incompatibles avec sa santé.

On la pousse à la faute pour la prendre en défaut afin de la discréditer.

9. Exigences administratives excessives

Un gestionnaire utilise le pouvoir de donner des mandats sous la forme qu'il juge appropriée et d'en fixer les délais de réalisation en fonction de ses priorités.

Il peut établir les règles pour la gestion du personnel ou pour l'encadrement d'un employé.

Un gestionnaire compétent, agissant avec bon sens, doit s'efforcer de donner des objectifs clairs et constants, de fixer des délais raisonnables pour la livraison des mandats et de considérer la réalité de façon à réaliser au mieux les objectifs de son organisation en fonction des circonstances.

Utiliser ce pouvoir en d'autres circonstances ou pour des objectifs personnels peut être qualifié d'exigences administratives excessives.

10. Intrusion excessive dans le travail

Bien qu'il soit légitime de donner son point de vue ou ses orientations et de chercher à démontrer une thèse qu'on favorise, il peut apparaître excessif de fait perdre des opportunités aux autres en n'écoutant pas les avis des gens de notre entourage ou encore en ne saisissant pas les occasions de faire valoir leurs idées au moment approprié.

On peut agir de mauvaise foi en laissant les autres faire des choses auxquelles on ne croit pas pour ensuite discréditer leur travail et ne pas donner suite.

Il ne faut pas oublier que la fin justifie les moyens seulement si la fin est elle-même justifiée.

11. Contrôle abusif de l'information

Il est légitime pour une personne de décider qui elle va informer, ce qu'elle va lui dire et de définir ce qui peut être transmis à de tierce personnes.

Une personne raisonnable, soucieuse d'entretenir de bonnes relations, agissant selon les normes reconnues dans une société moderne, permettrait normalement, même favoriserait, l'échange entre collègues dans l'exécution de leurs tâches et adhérerait au principe de transparence (éclairée) dans ses communications avec les autres.

Il se peut qu'il n'en soit pas ainsi à un point tel que cela perçu comme étant du contrôle abusif de l'information.

12. Mise en échec

Ne pas tenir compte dans la gestion de ses affaires du point de vue de la personne qui y a un rôle à jouer en fonction de son statut ou de son emploi, s'obstiner sans vouloir entendre ou tenir compte de ses idées, demander des justifications à n'en plus finir, confier des mandats avec des conditions invalidantes, contraindre la personne dans ses moyens, tergiverser, refuser de l'aider à résoudre ses difficultés malgré des demandes d'aide répétées, ne pas faire ce qui avait été entendu ou respecter ses engagements.

13. Comportement arbitraire

Un tel comportement produit une aberration, c'est à dire quelque chose qui est incompréhensible ou insensé selon le gros bon sens, le respect et l'équité.

On manifeste un tel comportement sous l'effet d'une pulsion ou d'une émotion ou encore délibérément pour arriver à ses fins.

On ne tient pas compte des autres, de leur réalité ou de leurs besoins.

Ces conduites sont souvent néfastes sur ceux qui les subissent et quoi qu'ils disent, on continue à se comporter ainsi.

Ces treize conduites vexatoires ne représentent qu'une partie de ce qui peut vivre une personne dans un milieu qui lui est devenu néfaste.

Harcèlement scolaire

Les différents types de harcèlement scolaire?
Reconnaître le harcèlement il n'est pas toujours évident, surtout lors de l'adolescence, d'identifier les signes du harcèlement scolaire chez son enfant.
Certains actes malveillants peuvent être pris par les parents comme de simples taquineries enfantines.
Le mal-être des victimes, quant à lui, peut être attribué à une crise d'adolescence, ou à un simple mal-être passager.
Certains signes physiques et/ou psychiques doivent néanmoins alerter les parents:
1- Troubles du sommeil
2- Irritabilité
3- Agitation
4- Susceptibilité
5- Repli sur soi
6- Troubles liés à l'anxiété et/ou au stress (maux de ventre, eczéma…)

D'autre part, au niveau scolaire, l'équipe pédagogique peut signaler:
-Une baisse des performances scolaires
-Une multiplication des absences
-Des troubles du comportement (crises de colère)
-Une attitude provocante.
Les différentes formes de harcèlement

Le harcèlement scolaire ne doit pas être réduit aux moqueries ou enfantillages.
Si les violences physiques peuvent parfois être repérées grâce aux stigmates visibles qu'elles laissent; les violences psychiques (insultes, brimades menaces verbales…) sont particulièrement perfides, car plus difficilement détectables.
Le harcèlement physique
Concerne 5,1% des élèves : coups, bagarres, vols et rackets, enfermement forcé, gestes déplacés… A noter que les «jeux dangereux» comme les jeux d'évanouissement ou les jeux de défis peuvent également participer à une logique de harcèlement.
Jeu du foulard, petit pont massacreur, rêve indien… les jeux dangereux sont nombreux et peuvent avoir des conséquences graves dont les enfants doivent être informé.
Le harcèlement psychique
Touche 8% des élèves.
Qu'il soit verbal ou symbolique, le harcèlement moral se décline en trois types:
-verbal (insultes, menaces, rumeurs)
-émotionnel (humiliation, chantage, mise à l'écart)
-sexuel (provocations sexuelles verbales, menaces de violences sexuelles)
Le cyber-harcèlement
Touche plus souvent les filles sur Internet, alors que les garçons se disent plus souvent victimes de harcèlement par téléphone portable.
Les nouvelles technologies de communication sont autant de relais qui permettent aux insultes et menaces de continuer à atteindre la victime même à la maison.
Le cyber-harcèlement peut prendre de multiples formes: intimidations, insultes, propagations de rumeurs en lignes…
Adeptes d'Internet et des réseaux sociaux, les adolescents font parfois preuve d'une violence

hors-norme dans leurs rapports virtuels. Allant dans certains cas jusqu'au cyber-harcèlement .

Un phénomène qui inquiète les spécialistes...

Comment réagir face au harcèlement ?

Difficile lorsque l'on subit tous les jours les moqueries et insultes de ses camarades d'avoir la force de dire stop ou tout simplement de parler de sa situation à quelqu'un de confiance.

Les parents doivent être les premiers à signaler un problème de harcèlement qui aurait été décelé à travers plusieurs signes évocateurs.

La première chose à faire est d'avertir l'établissement scolaire et de demander un rendez-vous avec l'équipe pédagogique.

Ceci permettra d'avertir les enseignants, de parler de la nature et des conditions particulières du harcèlement dont l'enfant est victime afin d'envisager des solutions pour faire cesser le problème. Si aucune initiative n'est prise ou si le problème perdure, il faut absolument en référer aux dirigeants de l'établissement.

Le gouvernement met à disposition un numéro vert à l'attention des parents, afin de les accompagner dans leur lutte contre le harcèlement que celui-ci se déroule à l'école (08-08-80-70-10) ou (08-00-20-00-00).

Il faut savoir aussi sensibiliser les enfants sur le sujet.

Qu'ils soient victimes ou témoins, eux aussi peuvent réagir.

Ainsi, en cas de harcèlement, l'enfant doit savoir qu'il peut en parler à un parent, un adulte de l'école (surveillant, professeur…) ou encore à un camarade de classe qui serait plus à même d'en parler à un adulte.

La violence ne doit être en aucun cas une réponse, seul le dialogue peut faire cesser définitivement le harcèlement.

Prévenir le harcèlement scolaire doit être une lutte constante car cette situation intenable pousse parfois les élèves les plus fragiles à commettre l'irréparable.

Une issue tragique à cette souffrance, souvent silencieuse, de l'enfant, qui doit être évitée à tout prix.

Car 1,2 million d'élèves harcelés à l'école, c'est le constat alarmant .

Harcèlement de rue

L'expression «harcèlement de rue», traduction de l'anglais *street harassement*, est utilisée en Europe et en Amérique du Nord pour désigner des pratiques de harcèlement sexuel, subies principalement par des femmes dans l'espace public (lieux publics ou transports publics) de la part d'inconnus de sexe masculin.

L'expression est utilisée de façon extensive pour englober tous types d'acte objectivation sexuelle (sifflement, tentative de séduction, remarque déplacée, etc).
Bien que certains propos prennent la forme de compliments, ces comportements peuvent être vécus par leurs cibles comme désagréables .

Si des initiatives qui mettent en avant l'expérience des victimes suscitent une condamnation de ces comportements en Europe et dans le monde anglo-saxon, le harcèlement de rue y reste toutefois considéré comme bénin. Il en va autrement au Japon, où des compagnies ferroviaires réservent des voitures aux femmes pour les protéger de prédateurs (*Chikan*).
Le harcèlement de rue est une pratique systémique qui participe à faire de la ville un espace essentiellement masculin

Dans les pays occidentaux, la médiatisation du harcèlement sexuel dans l'espace public se voit parfois reprocher un travers raciste, pour sa focalisation sur des espaces urbains spécifiques susceptible de conditionner le profil des «harceleurs» médiatisés, et pour son absence d'examen des déterminations sociologiques du phénomène.
57% des femmes, mais aussi 25% des hommes, ont rapporté avoir subi du harcèlement de rue lors d'une étude menée au printemps 2014 aux États-Unis par l'organisation Stop Street Harassment.
Histoire de l'intérêt pour le phénomène
L'intérêt culturel pour le phénomène a émergé dans les années 1990 aux États-Unis, notamment suite au documentaire *War Zone* (1998) de l'étudiante en cinéma Maggie Hadleigh-West.
Celle-ci s'est filmée demandant à des hommes qui la sifflaient ou l'interpellaient dans la rue pourquoi ils le faisaient, afin d'enregistrer leurs réactions (excuses, colère, discussion...).
La démarche a été imitée dans d'autres pays occidentaux dans les années 2000 et 2010, quoique de façon souvent plus passive en enregistrant simplement les sifflets et remarques pour ensuite prendre à partie l'opinion.
Le phénomène a attiré l'attention dans l'espace francophone européen, suite au documentaire *Femme de la rue* (2012) de la belge Sofie Peeters, film qui a fait du bruit et a initié des dispositions spécifiques dans le droit belge.
Parallèlement à la médiatisation du thème, des associations entendent créer une solidarité entre personnes subissant le harcèlement de rue, et donner des indications pour lutter contre celui-ci, en tant que victime mais aussi en tant que témoin.
C'est par exemple le cas de *Hollaback!*, un réseau constitué de militants répartis dans 79 villes et 26 pays.
Le site du mouvement donne des exemples de méthodes de désamorçage du harcèlement dans l'espace public, inspirés du travail inaugural de la consultante américaine Holly Kearl, auteure de *Making Public Places Safe and Welcoming for Women* («rendre les lieux publics sûrs et accueillants pour les femmes»), paru aux États-Unis en 2010.
En France, une manifestation de sensibilisation au harcèlement de rue a été menée le 25

mars 2014: l'opération dite «anti-relous», réalisée par un collectif militant dans la rue de Lappe du 11ᵉ arrondissement de Paris.

L'opération consistait pour les militantes à se réapproprier symboliquement la rue, et a indiquer aux passants comment désamorcer le harcèlement de rue au cas où ils en seraient témoins ou victimes.

Controverses

Ambiguïtés de l'expression «harcèlement de rue»

L'usage de l'expression «harcèlement de rue» pour désigner l'objectification sexuelle d'une femme dans l'espace public est parfois critiqué, dans la mesure où il renvoie à quelque chose de plus précis que ne le laisse *a priori* supposer la formule.

En effet, si l'on s'en tient au sens littéral, «harcèlement de rue» pourrait également englober des pratiques autres que sexuelles (par exemple la mendicité agressive) et vécues par d'autres types de personnes que des femmes.

D'une manière générale, son usage médiatique et sur Internet mêle les thématiques du sexisme et de l'insécurité.

Le terme «harcèlement» est aussi discuté, dans la mesure où le caractère répétitif que contient l'idée n'implique pas nécessairement ici un acteur unique: on peut désigner par «harcèlement de rue» l'accumulation d'actes (verbaux ou physiques) isolés d'objectification sexuelle, que peut subir une même femme lors de son passage dans l'espace public.

Ces actes peuvent provenir d'un comme de plusieurs individus, croisés simultanément ou successivement.

Dans ce cas, qui est coupable de «harcèlement»?

On parle d'un phénomène anonyme de *«harcèlement-marathon»*: *«cela se passe comme si tous les hommes qui harcèlent une même femme en une journée se passent le relais.»*

Réactions dans l'opinion

La dénonciation de la fréquence du harcèlement sexuel qui aurait cours dans l'espace public peut susciter incrédulité voire hostilité dans l'opinion.

Certains doutent de l'ampleur du phénomène.

Des spécialistes américains travaillant dans la filiation en *cultivation theory* (c'est-à-dire dans l'étude de l'exposition à long terme aux médias) suggèrent qu'une certaine médiatisation de cas de harcèlement de rue puisse alimenter un *mean world syndrome*, c'est-à-dire la perception que le monde serait plus violent et hostile qu'il ne l'est en réalité, et voient comme facteur du succès du thème l'activation du stéréotype culturel de la demoiselle en détresse.

Sans se positionner sur la véracité de ce qui est dénoncé, on impute à la dénonciation l'effet pervers d'entretenir l'idée que les femmes sont en soi des créatures fragiles qui doivent être protégées, tandis que la féministe pro sexe y voit une inclination à la censure envers toute expression de type sexuel dans la société.

La «féministe post-féministe» pour sa part, estime que l'attitude de certaines femmes facilite le harcèlement sexuel.

Ces réactions critiques sont accueillies par certains milieux féministes comme trahissant une « culture du viol », c'est-à-dire la tendance générale qu'aurait la société soit à minimiser par défaut la gravité de l'abus de pouvoir sexuel sur les femmes, soit à renvoyer aux femmes victimes la honte de ce qu'elles subissent (*slut-shaming*).

Cette façon d'interpréter les critiques fait à son tour l'objet de critiques, par exemple.

Profils des harceleurs: données empiriques et absence d'études scientifiques

Le harcèlement de rue comme l'expression du sexisme global de la société, et en déduit l'idée que celui-ci, «comme toutes les violences faites aux femmes, ne connaît ni groupe social, ni critère économique, ni origine ethnique».

En pratique, elle précise: «il est tout de même possible que ce soit effectivement le fait d'hommes d'origine étrangère et de modeste condition.

En ce cas, la question du pourquoi devra se poser nécessairement: comment ces mécanismes se mettent-ils en place?»

Elle évoque la piste d'un conditionnement virilisme des hommes pauvres issus de l'imigration par la société d'accueil.

La médiatisation du harcèlement sexuel se voit ainsi reprocher, dans les pays occidentaux, de se focaliser sur des hommes de classe inférieure et souvent non blancs «manquant de respect» à des femmes blanches de classe moyenne ou supérieure, sans se soucier des biais et des implications politiques d'une telle focalisation.

Elle se voit notamment reprocher de se focaliser sur l'espace public, alors que les cas de harcèlement sexuel et d'agression sexuelle sont plus fréquents dans la sphère privée (familiale ou professionnelle).

On évoque la piste d'une logique du bouc émissaire visant les hommes d'origine étrangère et de condition modeste, qui pourrait masquer la violence sexuelle ayant lieu dans l'intimité des classes dominantes.

D'une manière générale, il y a un certain manque de travail scientifique au sujet du harcèlement sexuel et des agressions sexuelles, alors que des études objectives permettraient d'éviter les rumeurs et les fausses représentations.

«Tant qu'on ne dispose pas de base solide pour s'exprimer, cela reste du «on dit», de l'empirisme bas de gamme, du «j'ai vécu donc je conclus»: en bref, du parfait matériau pour construire et consolider des préjugés.»

En octobre 2014, le réseau Hollaback! s'est associé avec Beth Livingston, professeure à l'université Conell, afin de réaliser une étude internationale du phénomène du harcèlement sexuel dans l'espace public.

Sofie Peteers

La Belge Sofie Peteers, auteure de femme de rue, décrit les hommes se livrant au harcèlement de rue dans la capitale Belge comme majoritairement immigrés et pauvres.

Sur la VRT (chaîne de télévision flamande), elle a déclaré: «C'est une réalité: quand on se promène à Bruxelles, 9 fois sur 10, ces insultes sont proférées par un allochtone.»

Suspectée de biais de confirmation pour avoir précisément tourné son film dans un quartier habité par une forte population d'origine maghrébine, et critiquée pour la stigmatisation raciste que son documentaire était susceptible de porter, elle a précisé: «Quand vous vous promenez dans le quartier, après 2 minutes, vous avez croisé 20 allochtones.

Un seul d'entre eux vous aura fait une remarque.

C'est bien sûr une de trop, mais elle n'est pas représentative de toute la communauté»
Ressources

Dans un sondage amateur regroupant plus de 4000 réponses, 94% des personnes déclaraient avoir déjà subi du harcèlement de rue.

Le sondage a surtout recueilli l'opinion de femmes (selon le sexe auto-déclaré des participants).

L'ONG américaine *Stop Street Harrassment* cite des statistique plus fournies.

Elle propose également une importante sur le sujet, en soulignant que le harcèlement de rue est un phénomène encore peu étudié quant son ampleur, ses facteurs, ou encore son intersection avec d'autres formes de stigmatisation.

Harcèlement voisinage

Comment puis-je agir contre les actes de harcèlement répétés de mon voisin ?

Contacter votre voisin

Visites nocturnes, courriers à répétition, dégradations, nuisances volontaires (bruits, odeurs...)... les agissements d'un voisin peuvent parfois être subis comme un véritable harcèlement contre lequel vous avez la possibilité d'agir.

La première solution, de bon sens, consiste à entamer le dialogue avec lui, oralement et/ou par courrier, afin que ces troubles cessent. Exemple : en cas de bruits la nuit, vous pouvez adresser une lettre recommandé avec avis de réception a votre voisin.

Signalement

Mais parfois, ces démarches amiables ne suffisent pas et d'autres solutions doivent être envisagées. En premier recours, vous pouvez tenter de faire intervenir un huissier de justice afin que celui-ci tente de faire cesser le trouble.

Ce tiers peut être le propriétaire (si votre voisin est locataire), le syndic (si vous vivez en copropriété) ou le maire de votre commune (à qui il convient alors d'adresser une demande d'intervention du maire par courrier).

Vous avez également la possibilité de recourir à un médiateur ou à un conciliateur de justice afin que celui-ci tente de trouver une solution amiable au conflit de voisinage.

Porter plainte

En cas d'échec, vous pouvez choisir d'appeler la police ou la gendarmerie et de porter plainte lorsque les agissements que vous subissez sont constitutifs d'une infraction pénale.

C'est notamment le cas :

- du tapage injurieux ou nocturne ;
- des menaces ;
- des insultes ;
- des violences ;
- des dégradations de biens ;
- etc.

Action en justice

Enfin, en cas de dommage physique ou moral (dépression, accident, maladie, etc.) subi du fait de ce harcèlement, vous pouvez envisager une action en justice contre votre voisin en saisissant le tribunal civil afin de demander réparation de votre préjudice sur le fondement de l'article 1382 du code civil.

Harcèlement dans le sport

Le harcèlement a plusieurs visages

Dans le milieu sportif, le harcèlement est souvent *"lié à la performance. Des remarques anodines peuvent donner lieu à une forme de harcèlement"*,

Notamment dans le sport de haut niveau, où l'exposition est d'autant plus grande.

Quelque soit la pratique sportive, le résultat est le même.

Et les formes de harcèlement sont aussi nombreuses que diverses.

De la raillerie aux bizutages, en passant par les humiliations devant le groupe.

Et certaines situations ou lieux sont par ailleurs plus propices que d'autres à ces pratiques.

Vestiaires et douches, déplacements : terrains propices certains terrains favorisent le harcèlement.

"La vie de groupe peut poser problème, et les locaux comme les vestiaires, les stages ou les internats sportifs peuvent favoriser cela."

Si l'on n'évoque généralement que les bons côtés de la vie en groupe et du sport, comme d'une école de la vie notamment, les parties les plus sombres ne sont que rarement mises en exergues.

Dans un contexte où le sportif sera éloigné de son environnement, ou se retrouver exposé, le harcèlement en devient d'autant plus simple.

Et ce qui peut n'être qu'une vulgaire blague aux yeux des uns pourra être traumatisant pour les autres.

Relation

Dans certains sports, ou dans certains cas, l'entraîneur ou le dirigeant peut avoir une emprise toute particulière sur son ou ses poulains.

Car cette relation peut parfois prendre une trop grande ampleur, quitte à devenir *"fusionnelle, que ce soit entre l'athlète et son entraîneur ou le staff.*

Et ce genre de relations favorisent les abus sexuels".

"Il faut aussi se méfier de ce qu'on appelle l'atteinte sexuelle, qui consiste à avoir un comportement insidieux pour inciter la victime à devenir victime."

Et en ce qui concerne l'étude réalisée en 2008, elle note également que dans les chiffres, si *"l'exhibitionnisme et le voyeurisme sont majoritaires, c'est aussi parce qu'il est plus facile de parler de ça que d'autre chose."*

Manque d'information

Aujourd'hui encore, les informations sur le harcèlement dans le sport sont très minces. La faute premièrement au manque d'études sur ce sujet.

La seule et dernière réalisée datant de 2008, il ne serait pas fou de parier sur le fait que les choses auront sans doute changer en six ans !

Autre problème, les fédérations ne disposent pas de commission de lutte sur cette thématique.

Alors que l'on trouve par exemple des commissions de lutte contre le dopage, il n'y a rien sur le harcèlement.

Ce qui traduit aussi le problème majeur posé par ce colloque.

L'omerta.

Dans le milieu sportif, il semble que le sujet soit encore un véritable tabou.

Pour preuve, on n'entend que peu parler d'affaires qui pourraient avoir eu lieu.

Si dernièrement des affaires ont fait la une des quotidiens nationaux, rares sont les histoires qui sortent au grand jour.

La faute au silence tout d'abord, mais aussi aux enjeux.

Par exemple, la française Marlène Harnois, médaillée de bronze aux Jeux de Londres en

Taekwondo, a été suspendue deux ans par sa fédération car elle se disait victime de harcèlement.

Les enjeux sportifs sont tels, que le résultat aurait tendance à prendre le dessus sur les réalités vécues par les sportifs. Certains seraient même *"prêts à accepter des mauvais traitements pour accéder à la performance visée"*.

Conséquences physiques et psychologiques

Si certains semblent prêts à s'infliger cela pour toucher au but, les conséquences physiques et psychologiques peuvent être assez graves.

"La santé psycho-affective peut être touchée, notamment quand cela arrive quand on est jeune. Car plus on est jeune, plus on est fragile,".

Les harcèlements subis à répétition peuvent également donner lieu à la naissance d'un stress chronique, qui pourra par exemple "réduire l'adaptabilité aux situations imprévues."

L'un des grands dangers lié au harcèlement est l'éloignement de l'individu de ses émotions.

L'impression de devenir un objet fait naître l'idée *"qu'un objet n'a pas d'importance.*

Les gens peuvent alors mettre une certaine distance entre eux et leurs émotions, ce qui va les amener à se renfermer sur eux-mêmes."

Une réaction enchaîne qui peut avoir pour conséquence de favoriser la dépression et la toxicomanie.

De même que la répétition du harcèlement pourra provoquer un sentiment d'impuissance chez l'individu, qui verra alors *"toute motivation éradiquée,"* .

Nécessaire d'agir

Face à cela, il semble nécessaire d'agir.

Et notamment en créant des cellules au sein des fédérations et clubs.

Des cellules au sein desquelles les personnes victimes de harcèlement pourront exprimer leurs problèmes.

Si un grand nombre de choses ont été mises en places pour lutter contre le dopage, il devrait pouvoir en être de même, car ce problème est *"au moins aussi grave que le dopage"*.

Mais le plus important reste de réussir à libérer la parole et briser l'omerta qui règne sur ce point.

BIOGRAPHIE

Joan Poulet né le 18 octobre 1981, à Béthune dans le Pas de Calais en France .

En 1999 il suit des cours d'employé technique de collectivité ou il décrocha son diplôme donc il commence à travailler à l'age de 17 ans il effectua différent métier, Vendangeur, Cuisinier, Aide-Maternelle, Agent de sécurité, Maître-Chien Brancardier, Agent de nettoyage, intérimaire, Gardien-Animalier, Vendeur, Soudeur.

Le 30 décembre 2000 il et papa d'un fils.

Et le 4 juin 2002 d'une fille.

Le 15 septembre 2007 il se marie.

En juillet 2008 il quitta avec sa femme et c'est 2 enfants le Pas de Calais pour aller rejointe sa mère donc il et très proche qui habita dans la somme en France.

Il commence à écrire un livre sur l'harcèlement suite qui a subi lui aussi l'harcèlement au travail en 2002 ou sa patronne le faisait travailler 36 heures d'affiler et elle le menacer de le virer si il quitter le site et le faisait travailler pendant ses congés et si i refuser elle le métrer sur des sites dégradante et risquer.

Et de même en 2016 ou son patron le rabaisser, l'insulter et l'humilier devant c'est clients, amis et d'autre personnes et le menacer que si il garder pas son masque pendant ses horaires de travaille qui allai recevoir un courrier et il le méta en danger en le faisant monter en hauteur sans sécurité c'est la qui commence à déprimer et qui ce tait sa mère voyant qui n'allait pas bien heureusement que sa mère a vue car il aurai fait cette bêtise irréparable.

De même pour sa fille en 6 ème ou elle ce faisait frapper, insulter, dégrader, humilier, et un compte anti avec son prénom sur un célèbre réseau social ou ils devient la frapper à mort a la sortie du collège en la filmant et le déposant sur ce réseau social et que sa mère a monter voir sa fille dans sa chambre suite qui travailler car on ne la voyant pas sa petite fille et qu'elle ne l'attendez pas elle étai sur le point de faire irréparable.

Ne garder pas le silence il faut en parler car c'est la ou on met fin à sa vie et qu'on fait souffrir son entourage (familles et amis, amies) et qui ne seront jamais le pour quoi de cette acte car la loi du silence sa n'existe pas votre harceleur vous dit sa pour qu'il puisse continuer a vous harcelez sans être puni par la loi comme il le soit donc briser ce silence ne le garder pas en vous même comme Joan et sa fille on l'avait fait ils ne l'avais jamais dit à personne mes heureusement que la mère de Joan a vue qui n'étais pas bien si non il aurai fait cette bêtise et que sa mère a monter voir sa fille dans sa chambre car elle ne la voyer pas et ne l'attendez pas elle étai sur le point de faire irréparable Joan remercie encore sa maman c'est la qu'on vois l'instinct maternel d'une mère réveiller cette instinct en vous mesdames vous verrait si votre enfant va bien ou pas qui soit majeure ou adolescent.

Donc cela la beaucoup travailler et il a fait ce livre mettre fin a l'harcèlement qui ce trouve partout.

Joan prend plaisir a l'écriture il continue et continuera à écrire des livres car cela devient pour lui est une passion qui durera.

Ce que Joan dit toujours, écrire, c'est lire en soi pour écrire en l'autre, Ce n'est pas pour devenir écrivain qu'on écrit, C'est pour rejoindre en silence cet amour qui manque à tout amour, entre moi et le monde, une vitre, écrire est une façon de la traverser sans la briser, l'écriture, c'est le cœur qui éclate en silence.

Je dédicace ce livre à ma mère, mon père, mes enfants, ma femme, mes frères a ma famille et amis, amies.

Je rend un grand hommage aux victimes décédé suite à l'harcèlement et à leur familles et pour les autres victimes mettons fin a ce fléau.